Dear Faye and Dan,

Here we send you a taste of our dear Mexico, hoping that you and your lovely family come to visit us soon.

With love,

Your friends: Pili, Carmina, Gaby and Luis.

May 4, 2005.

estilo de vida *mexicano.*

estilo de vida *mexicano*

Autor: Equipo Editorial Books Factory
Fotografías: Jose Ignacio Gonzalez Manterola
              Pablo Oseguera Iturbide: páginas 120-129
              Michael Calderwood: página 131
              A&P Giberstein: página 114 sup. izq.

Textos: Laura Emilia Pacheco Romo
Dirección editorial: Nacho Asensio
Diseño gráfico: Mecanica Design
Maquetación: Mecanica Design

Copyright © 2001 Atrium Group

Es una creación editorial de:
ATRIUM INTERNACIONAL DE MEXICO S.A de C.V
C/Fresas nº 60 (Colonia del Valle)
03200 México D.F. MEXICO
Tel : +(525) 575 90 94 Fax: +(525) 559 21 52
e.mail: atriumex@laneta.apc.org
www.atrium.com.mx

ISBN: 84-95692-55-4
Dep.Legal: B-31196-2001
Impreso en España:
Gràfiques B-2/C

Introducción

México significa distintas cosas en las diferentes regiones de este país que tiene forma de cuerno de la abundancia. Tierra de extraordinaria diversidad y riqueza –natural y humana– es cuna de imponentes culturas prehispánicas; crisol donde se fusionaron América y Europa. Aquí el legado cultural y el dinamismo del presente convergen de manera inesperada y asombrosa; la oposición entre lo ancestral y lo moderno resulta inescapable.

Desde la hostil belleza de los desiertos del norte hasta el esplendor del jade en las aguas del sureste mexicano, México es, ante todo, un país de ritmos, colores y sabores muy diversos.

Puede decirse que cada región ostenta una cultura, colorido y geografía particulares. Los 31 estados que lo conforman, y la Ciudad de México, su capital, hablan de una gama de estilos de vida acordes a las tradiciones, a los gustos, a las necesidades y al vaivén particular de cada entidad.

A lo largo y ancho de los casi dos millones de kilómetros cuadrados de la República se sobreponen las huellas del pasado con la presencia europea y las exigencias del siglo XXI, lo que inevitablemente impulsa a México a formar parte de la cultura cibernética global. Así, entre antiquísimas y misteriosas pirámides, y edificios salidos de una novela de ciencia ficción –que por otra parte representan las tendencias más actuales de la moderna arquitectura mexicana–, el país oscila, por un lado, entre el atraso, la pobreza y la inocencia del paraíso perdido, y, por el otro, entre el progreso, el lujo casi asiático y la fiera competitividad corporativa, heredada de los Estados Unidos, su vecino

del norte. Casi cien millones de mexicanos están dispersos a lo largo y ancho del territorio nacional. Desde el norte hasta el sur, y del este al oeste, es posible encontrar todos los climas conocidos, una riqueza humana sin límite, y un extraordinario tesoro de flora y fauna que debe conservarse a toda costa.

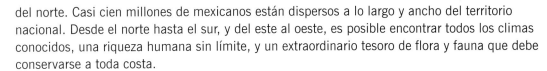

En la aridez del desierto, en la explosiva voluptuosidad de la selva, en la majestuosa visión de los volcanes nevados, en la delicada arena de las playas –algunas de ellas completamente solas–, en la imponencia de los vestigios arqueológicos, en aldeas y pueblos remotos, en ciudades industriales como Guadalajara y Monterrey, y en la inabarcable Ciudad de México, transcurren distintas formas de tiempo que hablan de Méxicos muy diversos, donde alrededor de 50 lenguas indígenas coexisten con el castellano y, cada vez más, con el inglés.

Una visita a la Ciudad de México resume mucho de lo que hay en el país. Sus 20 millones de habitantes hacen de ésta la segunda ciudad más grande del mundo y una de las metrópolis más enigmáticas, fascinantes y contradictorias. Su gran oferta comercial obedece a los distintos niveles de demanda. Desde el doloroso espectáculo de la pobreza extrema hasta el lujo más irredento, los habitantes de la capital conviven en esta región que no duerme jamás.

A sus grandes rascacielos y avenidas como el Paseo de la Reforma, que habla de un pasado imperial, se sobreponen la ciudad prehispánica, la colonial y la del futuro. La música y la comida son elementos omnipresentes en esta urbe que no conoce límites, genera tantas y tantas historias, y alimentan la crónica cotidiana de esta ciudad que está edificada sobre los restos de la mítica capital azteca de Tenochtitlan. La luz que baña a ciudades coloniales como Zacatecas, San Miguel de Allende o Guanajuato, por citar sólo algunos ejemplos, remite a un estilo de vida donde se escucha el rumor de las fuentes, el saludo de sus habitantes y el trinar de las aves que encuentran refugio en las barrocas fachadas de cantera. En contraste, los grandes centros turísticos, Baja California en el norte, o Cancún en el sur, han integrado la prístina belleza natural a una industria turística que trabaja todo el año casi con la misma intensidad.

Visto desde las alturas o explorado desde las entrañas de la tierra, en México siempre hay algo nuevo que ver y que probar. Tierra de grandes pintores, escultores, escritores y poetas, lo es también de una pléyade de geniales artesanos que vivifican la cultura gastronómica, musical, estética y espiritual del país.

El festivo mariachi es tan popular como el éxtasis de bailar en una discoteca. Lo mismo se consume whisky o vodka que tequila o cerveza, dos bebidas nacionales que cada vez tienen más presencia a nivel internacional. El taco, el gran alimento nacional, coexiste hoy con sofisticados restaurantes de todas partes del mundo y con gigantescas cadenas de comida rápida. La música electrónica y el rock en inglés se funden con la cadencia de la cumbia, la delicadeza de la música jarocha, el sabor tropical de la salsa y el merengue, o el pegajoso ritmo de la «onda grupera», fusión entre la música popular y la influencia del otro lado de la frontera norte. En pleno siglo XXI la paleta de colores rosa, azul, rojo y amarillo –tonos mexicanos por excelencia– se entremezclan con los metálicos neones de una cibercultura que avanza sin que nadie la pueda detener. Mexicanos y extranjeros, acaudalados y no tanto, modernidad y tradición, confluyen en un «estilo de vida mexicano» que es muchos estilos a la vez. Su denominador común radica en que todos sin excepción forman parte de un amplísimo crisol de experiencias, desde hace cinco siglos, que se llama México.

Gente

La sonrisa es el rasgo característico de los mexicanos y las mexicanas. Un día soleado, que en este país es prácticamente un evento cotidiano, ofrece un motivo para sonreír; las dificultades también se afrontan con una callada sonrisa.

Hablar de México es, sobre todo, referirse a un país cuya población está conformada casi totalmente por jóvenes. Desde las planicies desérticas del norte hasta las húmedas selvas tropicales del sur; del océano Pacífico al Golfo de México, los mexicanos son gente de sonrisa alegre y mirada llena de luz. Aquí la vida se enfrenta con una sabiduría ancestral y logra hacerse de lo cotidiano, de lo más sencillo y de condiciones muchas veces difíciles, una experiencia vital, enriquecida con ritos y tradiciones. Con asombrosa habilidad los mexicanos llenan de algarabía y colorido todo cuanto les rodea. Un simple utensilio se vuelve un pequeño objeto de arte, un cambio de estación significa festejar al espíritu de un dios prehispánico; todo es motivo de fiesta, pretexto para organizar un banquete, ocasión para gozar de un día más. Fusión del legado indígena, colonial y de las influencias del mundo moderno, el mexicano es un pueblo a la vez alegre y melancólico que busca insertarse en el presente sin olvidar nunca su glorioso pasado.

El aroma del mar, una brisa fresca, una plática con las amigas en la arena: no se necesita más. Un día cualquiera en la playa se convierte en una ocasión especial, en el goce de lo que está al alcance, en un motivo para soñar. Para quienes viven en la costa siempre existe la certeza de que el mar ofrece compañía, diversión y sapiencia.

La felicidad se busca en lo más inmediato porque, por lo general, no hay más.
Un vendedor hace las delicias de quienes disfrutan en la playa. Una simple laguna constituye una fuente inagotable de diversión bajo el sol. El clima, casi siempre inundado de sol, fomenta la convivencia al aire libre.

Un simple saludo o una frase amable son suficientes para entablar una cálida conversación con un desconocido. Aunque a veces callados, en el fondo la alegría de los mexicanos espera la menor provocación para emerger y compartirse sin reparo.

La realidad muchas veces supera a la ficción: lo increíble, lo inverosímil, lo impensable se miran a la cara y se integran en lo cotidiano. En México todo es posible, esa es parte de su fascinación.

La nada, el polvo, la imaginación sirven para nutrir el talento del mexicano. Sin más escuela que la necesidad, es capaz de crear mundos mágicos, esbozar reinos de infinitas tonalidades, inventar obras de arte que no son sino una celebración de la vida.

El lujo del paisaje son las gentes que lo habitan. Bajo un magnífico cielo azul o en un pueblo olvidado al lado de la carretera, las sonrisas aparecen por doquier, como flores silvestres, para recordarnos el auténtico valor de las cosas en la vida.

La vida tiene la sabiduría del
ritmo que da la experiencia.
El sonido del cincel, el rechinar
de una silla de paja,
el pregonar de un vendedor
de frutas, quebrantan el silencio
de los pueblos que luchan por
sobrevivir un día más bajo un
sol de plomo.

La fe es un elemento
importante para un pueblo
que debe buscar en el más
allá una explicación para los
enigmas del presente.
Sin embargo, nada puede
quebrantar esa fe cuando se
escucha el sonido de las risas
en una tarde cualquiera.

Artesanía

La artesanía expresa el verdadero sentir del pueblo mexicano. El aire, las nubes, la textura de las montañas omnipresentes, la necesidad de suavizar la dureza de lo cotidiano, lleva a los artesanos a reinventar su presente y, sobre todo, a preservar su pasado. Por ello esta actividad representa, sobre todo, una reflexión sobre la identidad de México y los mexicanos.

Sin importar lo elemental o lo barroco de su hechura, cada artesanía tiene su propia historia que contar y narra una sobreposición de tiempos, pensamientos y necesidades en que se conjugan la utilidad y la estética. La enorme gama de objetos artesanales prácticamente no tiene rival, y representa apenas un fragmento de la riqueza de México y los mexicanos.

La producción de una artesanía representa el esfuerzo de todos los miembros de la familia. Para ellos esta actividad no es sólo una forma de ganarse la vida, sino un medio para expresar nuestra cultura; una manera de recordar quiénes somos y de dónde venimos.

Los elementos más sencillos –tierra, hilo, unas cuantas hebras de paja– pueden convertirse en objetos de gran utilidad y valor artístico. La capacidad creativa de los artesanos sobrepasa la imaginación: ellos son verdaderos artífices de la forma. Consideración racional: son auténticos magos.

La aridez de lo cotidiano no tiene lugar aquí. Los elementos más sencillos se vuelven exquisitos mensajes de belleza.

Cada obra artesanal es irrepetible: no hay dos iguales. La sencillez de su belleza y el candor de su forma hace encantadoras estas jarritas de paja que alegran y adornan.

El aroma a paja, el contraste de la sombra con el colorido de los objetos y la ordenada distribución de la mercancía, forman parte de la vida de este joven que preservará su arte y lo enriquecerá con su experiencia.

Espejismo o realidad: el fuego transforma un puñado de arena en un objeto que embellece la realidad y la recrea.

Un lienzo o los elementos más sencillos sirven para crear una pequeña obra de arte.

Los elementos de la vida diaria se prestan para la interminable renovación de los objetos. Todos los días surge algo nuevo.

Las técnicas se nutren del conocimiento y de la imaginación. Nada es imposible, todo se logra con esfuerzo y mucho talento.

En México existe una gran tradición de elaborar máscaras. No hay dos iguales en todo el mundo. Cada una es una muestra irrepetible.

¿Y la muerte? La «Parca», como se la llama con afecto, es parte de la vida y, como tal, hay que embellecerla lo más posible.

Es sorprendente el realismo
que logran plasmar los artesanos.
Los temas son prácticamente
inagotables.

¿De dónde salieron estos
«alebrijes»?
Estas fantasías hechas de
papel y cartón representan la
dualidad entre humorismo y
horror; vida y muerte; belleza
y fealdad, todos elementos de
la cultura mexicana.

La cerámica de talavera y la alfarería en general conjugan las influencias indígenas con las llegadas de España y Oriente. Objetos de toda índole se nutren de esta interpretación

La memoria de un pueblo está en las manos de este hombre que trabaja el barro con una técnica y dedicación ancestrales.

Es increíble el dominio que se tiene del arte de la miniatura en México. Todo es objeto y sujeto de miniaturización

Personajes como Frida Kahlo forman parte de la cultura popular.
El aire, el cielo, la tierra y el fuego; ángeles y demonios; realidad y fantasía; lo verosímil y lo inversímil alimentan la fértil capacidad creadora de los mexicanos.

La explosión de colorido sintetiza el legado de dos mundos: prehispánico y colonial.

Todo comienza en el palmar. De ahí se toma el coco que luego se limpia. Su pulpa servirá para hacer bebidas y dulces. El exterior se talla y, gracias a la magia del artesano, emergen de él las historias, leyendas y retratos de su tierra, su gente, su cotidianidad.

El colorido de estas macetas de talavera alegra los jardines mexicanos.

Un solo objeto puede tener cientos de variaciones distintas, como lo muestran estas jícaras del estado de Tabasco que son útiles, duraderas y muy hermosas

Mercados

Herencia del esplendoroso mercado prehispánico de Tlatelolco —orgullo de la antigua ciudad azteca de Tenochtitlan—, en México este espacio sigue siendo el centro de la vida cotidiana en las ciudades, en los pueblos y en las comunidades más pequeñas. Cada semana o todos los días, según sea el caso, es posible encontrar una variedad de productos tan variada como asombrosa. De lo mágico a lo cotidiano; de lo real a lo fantástico y lo misterioso, todo puede encontrarse si uno sabe dónde buscar. Prácticamente no hay nada que no pueda hallarse en un mercado mexicano: frutas y verduras, carnes, pescados y mariscos; panes, pastas y tortillas; chocolate, chiles y especias; artesanías, aves cantoras, trajes, vestidos, adornos, joyería, flores, insectos comestibles; quesos, vinos de frutas y dulces de temporada; música, conjuntos en vivo, antigüedades, miniaturas y gran cantidad de inventos, todo bajo un solo techo y sus alrededores, pues es común que el mercado se extienda a las calles que lo circundan.Sin duda una visita a México está incompleta sin ir a uno de los mercados que tanto reflejan sobre la vida de los habitantes de este país misterioso, multifacético y seductor.

Organizados por temas los productos son fáciles de encontrar. Aquí, la sección religiosa y de magia ofrece todo lo necesario para honrar a un santo, recuperar un amor perdido, tener suerte con el dinero, dejar de beber, bajar de peso o recuperar la salud.

Ya sea en una pequeña plaza al aire libre en las calles de Pátzcuaro, Michoacán, en las comunidades rurales o en la ciudad, los mercados siempre son multicolores y están llenos de vida.

Estas rebanadas de sandía parecen invitar al paseante con una alegre sonrisa.
Los puestos de frutas ofrecen una variedad paradisíaca de productos tropicales y de otras latitudes.

Pocos países en el mundo igualan la increíble variedad de pan que hay en México. Dulce o salado, viene en multitud de formas y tiene nombres propios como «bolillo», «telera», «bigotes», «chilindrinas», «trompadas», «corbatas», «chorreadas»…

La panadería es una fuente de orgullo de la cocina mexicana. Hay un pan para cada día: los hay para fiestas, según la época del año o para celebrar algún evento.

Desde que se hicieron los primeros helados con la nieve de los volcanes hace unos siglos, este género se ha convertido en terreno fértil para la creatividad artesanal.

Sueño
Jamaiquino

CAMETA

Mand

SEXO

Monotemáticos o polifacéticos, los mercados mexicanos pueden cumplir casi cualquier capricho; la variedad de productos es asombrosa.

Un incesante pregonar inunda los pasillos de los mercados donde la calidad de los productos llena de orgullo a quien los vende.

Herencia

En 1519 Hernán Cortés trajo consigo dieciséis caballos introduciendo estas bestias en tierras americanas. Sin embargo, en el país la historia de la caballería empezó tiempo después y se arraigó como una de las más fuertes tradiciones españolas en México.

Pero no se puede hablar de caballos sin hablar de toros, de la «fiesta brava» y de todo cuanto la rodea. La «Plaza México», en pleno Distrito Federal, es el ruedo más grande del mundo. Cada temporada atrae a miles de aficionados que se emocionan con las corridas de toreros de mexicanos y extranjeros. Por otro lado, siglos de interés hípico dieron por resultado una nueva raza equina: el caballo azteca.

La charrería constituye sin duda una de las tradiciones más auténticas. El colorido y la gallardía del espectáculo ofrecen una verdadera fiesta.

En la actualidad la charrería ha dejado de ser una necesidad para convertirse en un deporte. En México existen más de 600 asociaciones de charros.

La práctica de las actividades charras y campiranas en las ciudades es motivo de que haya numerosos lienzos y sitios apropiados para uno de los espectáculos más mexicanos.

Vestidas de *adelita* o de gran gala, la participación de la mujer en la charrería conjuga habilidad y belleza.

En México la afición a los toros es sagrada. Detrás de cada corrida hay cientos de gentes que, con su dedicación, la hacen posible.

La figura del torero evoca un sinnúmero de cosas: el arte del toreo, la belleza de la fiesta, la entrega de la afición.

Trajes típicos

En cierto sentido puede decirse que somos lo que vestimos. El canto de un ave al amanecer, el fresco olor del campo, el veloz aletero del chupamirto, el sonido de una cascada, los secretos de una comunidad, la historia de la vida de sus habitantes o el recuento de los cambios del día quedan plasmados en cada una de las vestimentas con que los grupos étnicos de México celebran su identidad.

A la excelsa tradición prehispánica de hilado y tejido del algodón se sumaron las técnicas europeas de confección de prendas y las texturas y coloridos de Oriente para dar como resultado una auténtica fiesta de diseños. Cada región, cada pueblo, cada paraje, se enorgullece en portar una vestimenta que distingue a quien la viste y le confiere todo el peso de la historia y de la tradición. Tejidos brumosos como la espuma del mar o barrocos como el amanecer en la selva, los trajes regionales mexicanos proyectan un distintivo sentido de nacionalidad

La enorme variedad de trajes regionales que hay en México hablan del fuerte arraigo de las gentes a su comunidad. Todos los trajes hacen eco de su entorno, de sus leyendas y tradiciones

El traje de tehuana es uno de los más representativos de la República. La delicadeza del tocado y la punta de la falda parecen hechos de espuma y contrastan con un rico bordado sobre terciopelo.

Este traje de «concheros» está ligado, no sólo a una festividad religiosa, sino a un pasado ancestral que habla de la fusión de dos continentes.

En oposición a la tehuana del sur, el traje de esta mujer proyecta la diáfana belleza del escarpado norte del país.

Este traje de etiqueta no debe usarse a caballo, sino sólo en casos especiales como bodas o funerales donde, como señal de respeto, debe cubrirse la botonadura de plata con un velo.

El traje de charro es auténticamente mexicano. Esta botonadura de plata corresponde al traje de gran gala, pero hay cinco modelos distintos. Cada uno se usa según una finalidad o circunstancia determinada.

Talabarteros, orfebres, tejedores, bordadores y repujadores, entre otros artesanos, dan rienda suelta a su imaginación y crean verdaderas obras de arte, como esta chaqueta bordada.

Textiles

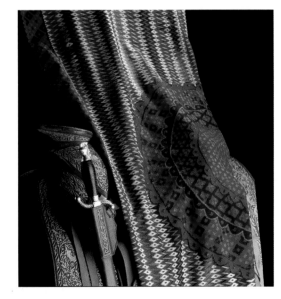

Los textiles mexicanos reflejan la fuerza del legado prehispánico en nuestros días, refrendan el poder de la influencia europea y de Oriente en México, y dan justo testimonio de la maravillosa destreza y capacidad de los artesanos que se dedican a la conservación de este arte.

La energía y la belleza plasmadas en la trama de estos textiles representa las creencias, las costumbres y los anhelos de los más de 60 distintos grupos étnicos que conforman el tejido humano del país.

Cada puntada de la aguja, cada giro del gancho desentraña los secretos del algodón, el lino, la lana, la seda y, al hacerlo, se nos revela la historia de una comunidad, de un lugar, de un hombre o una mujer.

De gala o para uso cotidiano, la variedad de técnicas y estilos constituye un inventario del territorio nacional.

Una explosión de flores invade estas prendas que casi no se usan a diario pero que sí expresan un cotidiano amor por la vida. La riqueza del bordado es producto de largas horas de intensa labor.

La riqueza de flora y fauna queda plasmada en estos manteles multicolores bordados a mano.

Flores, aves, ríos, montañas son elementos populares con los que se confeccionan estas prendas. En cada flor, en cada greca y en cada diseño queda atrapada la historia personal de quien sabe transformar el ritmo de un día cualquiera en un bordado asombroso.

Gastronomía

Paraíso de la gastronomía, México es privilegiado en cuanto a que su acervo de platillos no tiene fin. Si bien la tradición culinaria de cada zona está inscrita dentro de un contexto nacional, lo cierto es que una tras otra las distintas regiones constituyen auténticos «microclimas» gastronómicos que se enriquecen de la oferta de alimentos casi de manera exponencial.

Algunos platillos nacionales gozan de prestigio en todo el mundo, como por ejemplo los tacos, las enchiladas y el mole, pero hay una gama de ingredientes, texturas, sabores, colores y olores difíciles de igualar.

Hay que ver para creer la forma en que delicadas flores se vuelven un manjar, o una salsa de chiles envuelve el paladar y acompaña al maíz: elemento omnipresente en la cocina mexicana.

Los plantíos de plátano son
una visión típica del sureste.
Su fruto es un ingrediente que
se usa en numerosos platillos,
dulces y salados.
Su hoja sirve lo mismo para dar
sabor que como delicada
envoltura o una hermosa
fuente.

El consumo de calabaza
se remonta a épocas
prehispánicas. Sus semillas,
las «pepitas» de calabaza,
se usan para hacer salsas
espesas, aderezadas con chile
y otras especias. Este mole
verde con carne de iguana es
típico del sur del país.

Estos buñuelos dulces son el
epítome de la influencia
española en la cocina mexicana.

La cocina mexicana es impensable sin la presencia del maíz. Con él se hace la masa para las tortillas o para hacer una infinita variedad de tamales, como estos, prehispánicos, de ancas de rana, cocida al vapor.

La cocina mexicana moderna: camarones en salsa de calabaza; pulpa de pitahaya en su cáscara y ensalada de nopales con lechuga. Puristas y tradicionalistas coinciden en que la combinación de ingredientes termina donde se acaba la imaginación.

El *tomate* rojo o «jitomate» es una insignia de la gastronomía. Originario de América, los europeos lo llevaron al mundo. Hoy la comida internacional sería impensable sin su presencia. A la derecha: «machaca con huevo», un platillo de carne seca, guisada con jitomate, típica del norte de la República. Allá se acompaña con tortillas de harina, en vez de las más comunes de maíz.

Una de las *mayores* aportaciones de Mesoamérica al mundo es el cacao a partir del cual se elabora el chocolate. La versión mexicana de la españolísima «churros con chocolate» tiene poco que ver con el original. Aquí los churros azucarados son largos y se comen a todas horas del día o de la noche, acompañados de una taza de espumoso chocolate con leche.

El *sabor* de la fruta mexicana no tiene igual.
Aquí aparece transformada en «agua fresca» para mitigar el calor.

El chilpachole de jaiba es una especialidad de la costa. Muy picante, se acompaña con tequila o cerveza y constituye un excelente complemento a un día en la playa o nadando en el mar. Se come con tortillas de maíz.

Empanadas dulces y caldo de camarón: sólo dos ejemplos de platillos muy populares que tienen mil y una variaciones, según el lugar donde se preparen y la preferencia de la región por lo dulce o lo picante.

Frutas, algunas de ellas de la planta de nopal.

Algunos de los ingredientes principales de la comida tradicional mexicana son el jitomate, la flor de calabaza, las tortillas de maíz y hierbas de olor como el laurel y el epazote, la más mexicana de todas.

Dulces o muy picantes, los chiles se consumen en todas sus formas: frescos, ahumados, secos.

Las frutas también se usan para hacer aguardientes de penetrante sabor.

Este bodegón tropical habla del exotismo de la oferta de frutas mexicanas.
Cada región tiene sus preferidas, pero siempre hay fruta «de temporada» al alcance de cualquier bolsillo, lista para consumirse y disfrutarse.

Pan dulce hecho con una dedicación artesanal: indispensable a la hora de la «merienda».

Tequila y gusanos de maguey: un manjar para los iniciados. Exótico y costoso, este platillo se limita a una breve temporada del año. En cambio el tequila, acompañado de limón y sal, es para todas ocasiones: para celebrar u olvidar.

Pasado.

México alberga un sinfín de expresiones artísticas que son producto directo de su larga y compleja experiencia histórica.

Las grandes culturas prehispánicas, como la maya, la azteca y la olmeca –por ejemplo–, se conjugaron con la presencia española. Aunado a esto, la intervención francesa y una constante lucha por encontrar el verdadero sentido de la existencia, conforman el pasado común de todos los habitantes que hoy se llaman «mexicanos».

El mundo espiritual mexicano está habitado por presencias remotas y por las arduas realidades del presente. En el terreno del arte –maravillosa expresión de vida–, a la destreza de los artistas prehispánicos se sumó una variedad de técnicas y materiales que enriquecieron la tradición artística mexicana para convertirla en una de las más ricas y variadas del mundo.

Aunque a grandes rasgos puede afirmarse que los distintos estados del país se especializan en un arte en particular, lo cierto es que las expresiones artísticas salen a relucir en todas partes y, a veces, en los sitios más inesperados. Cada rincón, cada comunidad, cada pueblo y cada ciudad son depositarios de una fuerza interior que impulsa la vida plasmada en el arte mexicano que no es sino el fiel reflejo del espíritu de todo un país.

A la izquierda, columnas de cantera; a la derecha, el interior de la Capilla del Rosario en Puebla: dos momentos del arte novohispano.

El detalle de esta fachada de cantera sería impensable sin las hábiles manos de los talladores indígenas, herederos de las grandes tradiciones maya y azteca.

La colonia trajo consigo una explosión de formas y materiales nuevos. La utilización de oro y de estuco, y las figuras de ángeles en la arquitectura son dos características que encontraron gran arraigo.

Estos mosaicos de La Casa de los Azulejos, en la Ciudad de México recuerdan la atmósfera de Sevilla, España. Sin embargo, representan otro ejemplo de la capacidad creadora de los artistas mexicanos.

Parece que el tiempo no ha pasado por esta esquina de un pueblo en Guanajuato. Sólo la presencia de los animales nos disuade a creer que existe en pleno siglo XXI.

La crestería de este edificio maya en Uxmal, Yucatán, representa uno de los momentos más elevados de su arquitectura. La blancura de la piedra resplandece en medio del verdor de la selva.

Las grecas que adornan este templo maya son características del más refinado estilo puuc. La crestería que remata el templo de Yaxchilán que aparece a la derecha, es uno de los rasgos distintivos de esta imponente y apartada ciudad.

La cultura olmeca es una de las más antiguas de Mesoamérica. Esta gigantesca cabeza de varias toneladas de peso tiene la mirada puesta en un pasado lejano y enigmático.

Comalcalco, en el estado de Tabasco, es una zona arqueológica de gran belleza y constituye uno de los puntos más al norte que alcanzó la cultura maya.

El trazo perfecto de la ciudad de Uxmal domina una planicie selvática. El paisaje que vemos hoy es prácticamente el mismo que vieron sus habitantes.

Este espectacular observatorio permanece como mudo testigo de una cultura, la maya, que dominaba la ciencia de la astronomía.

Monte Albán, en Oaxaca, pertenece a la cultura mixteca. Es, sin duda, uno de los parajes más imponentes del México antiguo. La perfección de su diseño arquitectónico refleja su elevado grado de civilización.

El fulgor rosado que emana de esta piedra de cantera que se encuentra en la ciudad de Zacatecas –en pleno norte del país–, viste a la iglesia de Santo Domingo, antes templo de La Purísima. Esta es una de las joyas de esta excepcional ciudad barroca mexicana.

Esta Corte Celestial de Santa Prisca, en Taxco, está tallada en madera y estofada en oro. Sin duda causa un fuerte impacto en quien la admira. Esta iglesia es producto de la riqueza minera de la zona, donde abunda la plata y es una de las obras más logradas de la arquitectura barroca.

El arte sacramental tuvo una y mil expresiones. Inundó todas las ciudades coloniales que, hasta el día de hoy, conservan estos tesoros artísticos como parte de su patrimonio cultural.

La herrería fue una de las artes que más auge experimentaron a partir del siglo XVI. Ya sea en la sencillez de una ventana o como complemento de una fachada barroca, el hierro encontró hábiles manos que le dieran forma para llenar lo contemplativo o lo funcional.

La **Casa** de los Muñecos es quizá una de las edificaciones más famosas de la Ciudad de Puebla de Los Ángeles. A una hora de camino del Distrito Federal, estos mosaicos muestran la influencia de la cerámica oriental que llegó a bordo de la Nao de China a México.

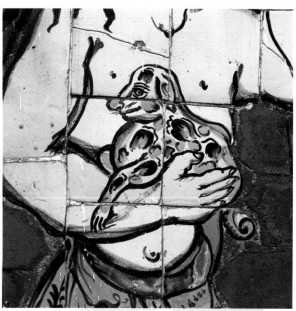
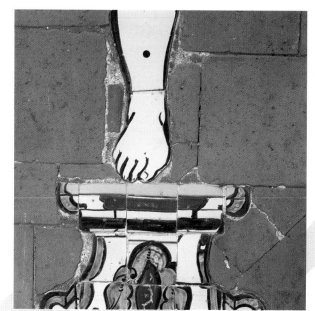

Cada detalle representa una enorme dedicación, sin duda acrecentada por la fe. Esto hizo que en la época de la Colonia nada fuera demasiado difícil, inalcanzable o irrealizable. Para los creyentes el arte es, sin duda, una forma de adoración.

La casa de la marquesa de la Villa del Villar del Águila es obra del arquitecto novohispano Ignacio Mariano de las Casas, el gran arquitecto de la época barroca en Querétaro.

Detalle de la Catedral que corona la plaza de la Constitución, en el centro mismo de la Ciudad de México. La presencia del cráneo y la serpiente se repite tanto en lo prehispánico como en lo colonial.

La diversidad de estilos y uso de materiales refleja la inventiva de un trabajo que llevó décadas, y a veces casi siglos completar.

Un rincón de Zacatecas. La luz de esta ciudad ha inspirado a los más grandes pintores mexicanos.

Al interior de la catedral de Puebla conviven los decorados neoclásicos de sus cúpulas con la forja artística del hierro del siglo XVII. Aquí se advierte la majestuosidad de los espacios espirituales.

Antiguo convento, este edificio alberga hoy a la Universidad de Puebla.
Por su riqueza la Unesco declaró a la ciudad Patrimonio Cultural de la Humanidad

La imponente luz de la ciudad de Oaxaca destella en esta fachada de cantera verde de esta inolvidable y conmovedora catedral.
No es de sorprender que, antes como ahora, la ciudad sirva de inspiración para artistas mexicanos y extranjeros.

La *sobriedad* de esta cuadrícula de hierro contrasta con el lienzo barroco que le sirve de telón de fondo. Sin embargo, juntos, forman la atmósfera de esta capilla virreinal.

Si algo caracteriza a la ciudad de Puebla es el colorido de sus fachadas y la riqueza de su arquitectura que contrastan con el increíble azul del cielo.

El águila y la serpiente: el emblema patriótico por excelencia. Cualquier motivo, cualquier figura, pueden traducirse en hierro.

El arte sale a nuestro encuentro por doquier: en una ventana, en un arco o en una puerta como esta, la creatividad conjuga los elementos de la historia misma de los artesanos mestizos.

El Museo Coronel, en Zacatecas, es fiel reflejo de la compleja personalidad del artista que lo fundó.

José de la Borda, mecenas novohispano, enriqueció como nadie la ciudad de Taxco. Su fortuna sirvió para darle auge a esta pequeña población del estado de Guerrero.

El arte de la talavera es una presencia ineludible en México. Su colorido y textura son sinónimos de una identidad cultural. Esta cúpula tapizada de mosaicos hechos a mano es sólo una de sus expresiones.

El Museo Coronel alberga una de las colecciones de máscaras más imponentes del mundo. El pintor Rafael Coronel convirtió el Convento de San Francisco en un importante museo.

El siglo XIX trajo consigo nuevas y muy distintas tendencias arquitectónicas. Esta singular construcción en el estado de Jalisco parece salida de un cuento de Sir Arthur Conan Doyle.

Paisajes

Con una geografía en verdad privilegiada que abarca todos los climas, desde el desértico hasta el tropical, México tiene una variedad de paisajes en que la aridez de los desiertos del norte se va transformando en el desbordante verdor de las selvas tropicales.

En cada uno de los cuatro puntos cardinales el único elemento constante son majestuosas cordilleras montañosas que atraviesan gran parte del territorio nacional.

En cuanto al clima, puede decirse que predomina el tiempo soleado pero, muy al contrario de quienes piensan que en los países tropicales no se aprecia el cambio de las estaciones, cada una de ellas tiene su encanto y sus dificultades.

Lo extremo de las condiciones topográficas –desde las cumbres nevadas de los volcanes hasta las sagradas aguas de los cenotes mayas– proveen un asombroso abanico de posibilidades. En México la monotonía es algo desconocido; hay un paisaje para cada gusto, un sitio para cada ocasión, un paraje para cada ritmo.

El mundo tropical es fascinante. La belleza de su flora y fauna despierta en quien la contempla una sensación de asombro.

La conservación es un punto importante en el proyecto nacional. La diversidad de flores, plantas y animales constituye un verdadero inventario de belleza natural pero también una gran responsabilidad en que todos jugamos una parte.

Las Cascadas de Agua Azul en el estado de Chiapas constituyen un monumento a la belleza natural.
En época de secas la corriente cristalina adquiere un tono color turqueza que parece casi irreal. Muy cerca, la región landona constituye uno de los últimos reductos de selva.

Las grandes culturas prehispánicas dejaron numerosos vestigios como estas ruinas mayas.

La vasta extensión territorial hace que muchos miles de kilómetros estén prácticamente inhabitados. Gran parte de los más de 90 millones de mexicanos se apiñan en las grandes ciudades.

Un atardecer en el lago de Pátzcuaro en el estado de Michoacán. Se dice que el pescado blanco que le da fama tiene propiedades afrodisíacas.

El paisaje desértico cubre gran parte del territorio. Detrás de su aparente quietud se esconden un mundo de vida silvestre y una cultura particular.

A la derecha, una espectacular vista del volcán Popocatépetl. A la izquierda, una panorámica de éste y del otro volcán, el Iztaccíhuatl. Juntos forman una leyenda, la del guerrero y la mujer dormida; juntos vigilan el Valle de México.

Este pueblo abandonado sirve como telón de fondo para innumerables historias de fantasmas que han inspirado a muchos escritores, como por ejemplo a Juan Rulfo.

El silencio de las desiertas playas mexicanas es muy distinto al de la quietud de la selva, dominada por este hermoso y mítico árbol: la ceiba. México tiene todos los climas y sus correspondientes paisajes.

México está rodeado por los océanos Atlántico, Pacífico y el Mar Caribe.
La gran extensión de playas y litorales es avasalladora. Paisajes como este –solitario, agreste–, contrastan con el bullicio de las playas. De una u otra forma, cada quien puede escoger cómo vivir las aguas del mar, interminable, majestuoso, azul.

Mar

Con más de 11 mil kilómetros de litorales distribuidos a lo largo del océano Pacífico, el Golfo de México, el Mar de Cortés y el Mar Caribe, este es un país que goza el privilegio de tener una extraordinaria variedad de playas y una extensión casi ilimitada de mar y costa.

A lo largo de todo el año el sol, el mar y la arena constituyen un verdadero oasis para el ajetreo de la vida cotidiana. Enumerar cada uno de ellos sería inútil. Sólo hay que decir que es posible encontrar playas tapizadas de cangrejos, playas solitarias que son la delicia de los enamorados, playas llenas de bullicio donde la familia puede compartir momentos inolvidables; playas para bailar, para practicar algún deporte acuático, para contemplar la belleza natural o, simplemente, para disfrutar del amanecer o del reflejo de la luna sobre el mar.

La playa es para gozarla… sin inhibiciones. En México hay variedad de playas nudistas, pero también las hay familiares, especializadas en surfing, snorkel o buceo. Hay una playa para cada quien: nadie puede sustraerse a su encanto.

En México la cultura de la costa estaría incompleta sin las delicias de la gastronomía y la cadenciosa armonía de la música de marimbas y guitarras. La extraordinaria amabilidad de los habitantes de la costa le da un sabor muy mexicano a todos estos sitios. El ritual es siempre el mismo: instalarse bajo la fresca sombra de una palapa, mecerse dentro de la fresca red de la hamaca, huir del calor con un agua de fruta fresca o con una gélida cerveza, degustar algún platillo hecho con pescados y mariscos recién salidos del mar; olvidarse de todo y disfrutar. En torno a las playas gira una serie de industrias locales que le añaden colorida e interés a la experiencia de visitarlas: no falta el pescador que vende hilos de perlas, collares de coral o de alguna piedra natural; el artesano que interpreta las formas de la madera y hace que de ella emerjan seres marinos o fantásticos; la familia que teje los más encantadores sombreros de palma. En fin, playa y costa depara todo tipo de sorpresas al visitante.

La playa conjuga lo mejor
de México: gente, artesanías,
gastronomía, paisaje, cultura,
amistad.

La arena y el sol vuelven más
abierto el espíritu para gozar
de la pródiga riqueza de estas
tierras.

Nadie puede permanecer
ajeno a la belleza natural, a la
contagiosa alegría y al rumor
del vaivén del mar que, una y
otra vez, invita a volver.

Los delfines son alegres habitantes de estas aguas cristalinas que están llenas de vida.
El turismo ecológico se ha vuelto una atracción apasionante que permite al viajero convivir muy de cerca con la naturaleza sin dañarla.

Un bote resulta ideal para recorrer la costa y detenerse en cada uno de los minúsculos pueblitos que la bordean. Cada uno ofrece hospitalidad, buena comida, y un lugar donde descansar en una hamaca, a la sombra de una palmera.

La famosa Quebrada de
Acapulco es uno de los sitios
más fotografiados de México por
la proeza de sus clavadistas.
A la belleza natural hay que
agregar una infraestructura
turística de grandes marinas y
hoteles de lujo.

La gran Ciudad

El Hemiciclo a Benito Juárez recuerda a uno de los personajes más recordados de la historia de México. El monumento está enclavado en La Alameda, uno de los parques más tradicionales de la ciudad.

La Ciudad de México es una de las metrópolis más grandes del mundo. Las calles y edificios se extienden más allá de las colinas que la circundan, hasta donde alcanza la vista. A lo lejos, los volcanes la vigilan en silencio, como lo han hecho desde el principio de los tiempos. El Distrito Federal (como se llama oficialmente) oscila entre espejismo y pesadilla; entre lo paradisíaco y lo inverosímil. Aquí puede encontrarse lo nunca antes visto, lo siempre anhelado. El laberinto que son sus calles albergan a una población polifacética compuesta por distintas etnias y clases sociales. A lo global se añade lo ancestral. A lo masivo, el lujo infinito que puede comprar el dinero. Bosques, ruinas arqueológicas, iglesias barrocas, palacios neoclásicos, estupendos museos y una sofisticada muestra de arquitectura moderna, conforman el telón de fondo para esta ciudad que no duerme jamás, ya sea al ritmo del tráfico ciudadano o al de la música y la infinita variedad de restaurantes que le dan fama en el mundo.

Un verdadero ejército de «trajineras» aguarda a los visitantes.
Aunque están en servicio todo el año, el día tradicional para visitar Xochimilco es el domingo en que todas las embarcaciones emprenden una fiesta a lo largo de estos antiquísimos canales que datan de épocas prehispánicas.

En fines de semana los canales de Xochimilco estallan en una fiesta de colorido. Un paseo a estos canales se considera el más mexicano de todos los paseos. Una visita a México está incompleta sin verlo y vivirlo.

La Bolsa Mexicana de Valores representa al México moderno, inscrito en la tendencia de la globalización mundial. El edificio que la alberga está en pleno Paseo de la Reforma, una avenida de marcado sabor imperial.

Esta escena podría desarrollarse lo mismo en Nueva York, Frankfurt, Madrid o México. El país es ya un importante protagonista económico a nivel mundial

La Ciudad de México ofrece una muy vasta oferta de actividades culturales. Un paseo a la columna del Ángel de la Independencia, una visita a un museo o un espectáculo para niños, son sólo algunas opciones.

El hermoso edificio del Palacio de Bellas Artes es escenario de algunos de los eventos culturales más importantes del país. La fachada es de mármol; el interior es art decó.

De origen prehispánico, los canales que albergan a estas pequeñas naves evocan el México azteca que se erguía en medio de un hermoso lago.

Una de las particularidades de estas embarcaciones es que llevan nombres de mujer escritos con flores. Cumpleaños, bautizos, bodas y todo tipo de eventos especiales se celebran a bordo de estas coloridas trajineras.

Los colores de la fiesta: rojos y amarillos anteceden a una celebración al ritmo de grupos de mariachis. Llamada la «Venecia mexicana» Xochimilco es uno de los parajes más típicos e insólitos de la Ciudad de México.

El edificio del Fondo de Cultura Económica obra de Teodoro González de León, es un ejemplo de la abundante obra de este importante arquitecto mexicano.

La Torre Latinoamericana fue durante muchos años el símbolo por excelencia del México moderno. Hoy su silueta sigue siendo parte imprescindible de la ciudad .

Las Torres de Satélite, obra de los famosos artistas mexicanos Luis Barragán y Mathías Goertiz abren un nuevo capítulo en la historia de nuestra arquitectura.

Museos

El Museo Nacional de Arte es uno de los puntos distintivos de la Ciudad de México.
Antiguamente Secretaría de Comunicaciones y Obras Públicas, hoy es depositario de una importante colección artística.

El acervo cultural de México es, no hay duda, uno de los más ricos del mundo. A su glorioso pasado prehispánico se agregan la experiencia colonial, la intervención francesa en el siglo xx, la inmigración europea de la posguerra y la innegable influencia de su vecino del norte, los Estados Unidos. Todo ello ha colaborado para forjar una cultura nacional multifacética de fuerte arraigo.

Artistas plásticos y hombres y mujeres de letras sobresalen por su capacidad creadora y por su talento para sintetizar un bagage cultural diverso y emotivo. Los museos mexicanos apenas se dan a vasto para exponer la enorme oferta cultural que hay en el país. Desde el Museo del Templo Mayor –donde se exhiben los restos de las pirámides aztecas en pleno centro de la Ciudad de México– hasta los modernos centros culturales en el interior del país, México exhibe orgulloso el talento de sus artistas.

Obra del afamado arquitecto mexicano Pedro Ramírez Vázquez, el Museo de Arte Moderno de la Ciudad de México exhibe con orgullo su colección permanente. Sede de importantes exposiciones internacionales, está situado en el Bosque de Chapultepec.

A la entrada del Museo de Arte Moderno nos recibe «Serpiente», obra del artista alemán Mathias Goeritz quién como muchos europeos escogió México como su país adoptivo. Esta obra, junto con el diseño arquitectónico del edificio son representantes de toda una época en las artes nacionales.

El más famoso de todos los museos mexicanos, el de Antropología es invaluable.

El Museo de Geología de la
Universidad Nacional recuerda
la época de los grandes
exploradores y naturalistas
europeos.

El Museo del Arzobispado
está en pleno corazón de la
Ciudad de México, a espaldas
de la Catedral y a un lado de
las ruinas aztecas.

Los nuevos museos como
este, Descubre, en la ciudad
de Aguascalientes, enfocan su
museografía a la participación
interactiva de los visitantes.

Interiores

El interior de las casas mexicanas fusiona la importante tradición prehispánica de patios llenos de plantas, y la majestuosidad de la herencia oriental a través de la presencia española.

Reducto de solaz y belleza, por lo general estos espacios rebelan el sentir y la intención general de un edificio.

Fuentes, plantas, espejos de agua y obras de arte enaltecen una estética que habla de una necesidad de reflexión, de un gusto por la privacía y de un concepto que se vuelve medular: retratar la personalidad de quien habita un espacio y lo vuelve suyo.

Tan importante como las dimensiones es su colorido. Una serie de tonos identifican ya, en todas partes, la nueva arquitectura mexicana que reinterpreta su legado para crear nuevas propuestas.

La extensa variedad de flora y fauna está presente en el decorado mexicano. La estilización de esta cactácea lo confirma.

Vasos de vidrio soplado, flores de bugambilla, frutas tropicales,elementos zoomorfos resumen un gusto por lo diverso.

La simplicidad de la línea, la pureza del color, la osadía de las combinaciones: premisas de la arquitectura mexicana de hoy.

De nuevo la combinación de lo ancestral con lo moderno; de lo propio con lo foráneo. Los impresionantes bloques de roca volcánica contrastan con el espacio abierto y con las vigas de madera tropical. El colorido no podría ser más mexicano.

El juego de luz y sombra embellece esta estancia casi orgánica.

Los muebles de cuero y palma representan un trabajo artesanal que caracteriza a la región.
El juego de vigas abiertas proporciona el ambiente idóneo para este espacio a la vez tropical y sofisticado, íntimo pero familiar.

Una combinación de elementos afortunada y elegante.

La sobriedad de colores, la parquedad de elementos y la elección de un espacio inundado de luz, hablan de una elegancia a la vez intelectual y funcional.
La madera constituye un verdadero lujo para los sentidos.

La altura de los sillones y la imponente pared de guijarros subrayan la sensación de una profundidad filosófica.

La modernidad de esta propuesta yace en el sometimiento de la fuente de luz natural. Sin duda, un ambiente ideal para la reflexión.

Una combinación inverosímil y estimulante.

El cuadro de motivos neoprehispánicos y el techo de clara influencia indígena constituyen el punto central de este atrevido espacio.

La explosión de colorido y la presencia de elementos animales y vegetales se equilibra con la elegante sobriedad de tonos marfil.

La *limpieza* de la
geometría está planeada aquí
como un homenaje al espacio
y a la disposición de los
elementos arquitectónicos que
recuerdan un pasado azteca
de brillante esplendor.

La *encantadora*
presencia de esta delicada
silla, casi etérea, combina a la
perfección con el cuidado
artesanal que se ha utilizado
en la decoración de la pared.
La suavidad del azul evoca sin
duda un concepto francés.

La *calidez* del colorido de
los muebles se subraya por la
elección de materiales.

El óleo es del pintor Diego Rivera. La casa, del arquitecto Luis Barragán.

Junto con el «azul añil», el color rosa constituye una paleta eminentemente colonial. Reinterpretada una y otra vez, se adapta para crear espacios de una temporalidad controlada que se vuelve moderna.

El espejo de agua, los guijarros y el tono rosado: elementos mexicanos.

La influencia europea contemporánea resulta evidente en este espacio que la combina con elementos indígenas muy marcados.

El impecable trazo de este espacio resalta por la exhuberancia vegetal que se asoma por una ventana que podría parecer una pintura.

En un país con un territorio tan vasto la luz constituye uno de los elementros arquitectónicos de mayor relieve. Este es un ejemplo.

Balcones y fachadas

El gusto por el color se advierte en la facilidad con la que cualquier calle o pueblo estalla en un alarido multicolor.

El gusto por las flores, también muy arraigado en México desde épocas precolombinas, se hace evidente en la vivienda mexicana. La fuerza vegetal trasciende etnia o clase social: en una ventana, en un frasco o en una gran terraza siempre habrá una flor, una planta, una hierba de olor.

En balcones y fachadas se hace más evidente que nunca la fabulosa fusión de elementos griegos, romanos, islámicos, persas, españoles, franceses y de las grandes culturas del México antiguo.

En gustos se rompen géneros, pero puede decirse que hay lugares en que sus habitantes vuelcan su predilección por los balcones y otros, por las fachadas.

Una fachada que se repite a todo lo largo de América Latina. La influencia colonial queda plasmada en tonalidades y formas que no pueden dejar de recordarnos las primeras iglesias y conventos que se fundaron en el Nuevo Continente. El estilo ha perdurado.

Un balcón está totalmente a merced de la herrería que lo acompaña; de ella depende la intención que se proyecte.

Esta ventana recuerda las serpenteantes calles de Sevilla y busca crear el mismo efecto. Romántica y fresca promete, por lo menos, una serenata a la luz de la luna.

Si este balcón hablara sin duda nos contaría un sinfín de historias.
Aunque no llega a ser del todo barroco la combinación de elementos y colores parecen evocar una época que ha quedado atrás pero que está presente.

Uno tras otro, esta serie de balcones plasma una estampa eminentemente colonial.
La frescura de las «ventanas» ayuda a combatir el sol de plomo que embate a casi todos los pueblos de México, bajo un perpetuo cielo azul.

La perfecta armonía entre el volumen de esta construcción y el tono apiñonado habla de una muy larga y comprobada experiencia.

Esta fachada barroca y cargada de devoción representa lo más encumbrado del arte colonial. Resulta imposible no pensar en los manjares y confites, también muy barrocos, que las distintas órdenes religiosas crearon en el Nuevo Mundo a partir de elementos de ambos continentes.
La suavidad del tono vainilla contrasta con el imponente volumen.

Conmueve la inocencia con que la torre se asoma en medio de la blancura.

La fineza de los terminados y de la hechura evocan una época pasada que difícilmente volverá. El placer de la vista es evidente.

Patios

En las viviendas de los antiguos mexicanos los patios eran de primordial importancia. Los elementos orientales que se importaron con la llegada de los españoles a América no hicieron más que enriquecer una tradición ya existente. El resultado es que el o los patios de una casa constituyen no sólo un enunciado arquitectónico sino la afirmación de un sentir nacional.

Las fibras naturales captan el fulgor de la luz y la multiplican cientos de veces para crear un efecto óptico a la vez que sencillo y sofisticado.

Adornados con plantas, aves, animales domésticos, o completamente vacíos, representan un espacio sin el cual una casa mexicana estaría incompleta.

Mudos testigos del incesante fluir de la vida, los patios siempre proyectan intimidad, sensación que aumenta cuando se escucha el trinar de las aves, el rumor del agua de una fuente, o simplemente el eco de los pasos que lo atraviesan e imprimen la huella que fusina la roca.

Primoroso, cerrado, este patio se beneficia del solaz que le brinda una exquisita variedad de plantas y de la frescura de la piedra que suelta su perfume con la lluvia.

Un gran espacio contenido dentro de otro más grande, inabarcable.
La sobreposición de planos es fundamental para crear este efecto casi mágico.

El patio mexicano por excelencia. La osada combinación de tonos, la campana colonial, las cruces de hierro y las desbordantes piñanonas en las macetas logran un ambiente que habla de tiempo e historia, de cuidado y tradición.

Casi puede escucharse el rumor del viento, la frescura de la brisa que acaricia estas paredes.
Dentro, la vida sigue su curso ajena a la belleza exterior.
Esta particular elección de tonalidades resulta candorosa.

La intimidad del patio estimula la convivencia; representa el sitio ideal para compartir una charla, una buena copa de vino, un «caballito» de tequila o una deliciosa comida.
La amplitud del espacio permite gozar no sólo de la arquitectura sino de los elementos naturales.

La altura de la construcción aprovecha al máximo un cielo azul. El patio y sus habitantes se benefician de este baño de luz que resalta todos sus elementos.

Terrazas

Lo agreste y lo doméstico entablan un diálogo afortunado. La presencia del florero que derrama girasoles intenta competir con la opulencia de las palmeras que se mecen al viento y con el calmo rumor de las olas del mar.

Por definición las terrazas son espacios que miran hacia fuera pero también definen lo que hay dentro de una construcción. La magnitud de sus dimensiones poco importa

cuando lo que se quiere es relevar al paisaje y complementarlo con elementos que lo estimulen.

La extensa geografía mexicana y la variedad de sus paisajes se traducen en igual multiplicidad de opciones. En la cima de una montaña, con vista al altiplano del centro, en medio del fojjale de la selva tropical o como adorno para una vista marina, las terrazas mexicanas tienen una gran tradición y un fuerte arraigo. Abiertas, techadas o cerradas, ahí se congrega la familia, se encuentran los amantes o se descubre la imponencia de un paisaje.

Las terrazas forman parte de la historia, de la literatura y de la vida y, como tales, tienen un lugar especial en la historia personal de cada quien.

En México las terrazas prometen una serenata, una romántica velada bajo las estrellas, o una explosión de colorido y sol.

La severidad de estos bloques geométricos sólo subrayan la belleza del paisaje de fondo.
La brisa marina corre a través de estas estructuras masivas que se remontan al pasado indígena y lo insertan en la modernidad.

La vastedad del espacio permite jugar con los elementos. La mesa y las sillas de madera dejan pasar la brisa refrescante. En el campo, el mar o la ciudad este concepto funciona por su elegancia y simpleza.

Las gigantescas columnas de madera dan un sentido de protección pero también de grandiosidad. El contraste con el blanco no podría ser más elegante.

Esta terraza abierta resulta especialmente invitante de noche, cuando la luz interior contrasta con la luminosidad del cielo, la luna y las estrellas.

Este tejido recuerda las grecas características del estilo azteca.
La luz crea asombrosos patrones sobre esta superficie que la capta a su antojo.

La piscina de esta enorme terraza en el balneario de «Valle de Bravo», parece desprenderse del gran lago que le sirve como telón de fondo.
El espacio está pensado para gozar de la belleza natural con todos los beneficios de la vida moderna.

La altura del techo, los materiales orgánicos y la gran amplitud confieren una sensación de comodidad y de placer. Los ventiladores dan un tono exótico y tropical a esta terraza.

La editorial desea expresar sus más profundos agradecimientos a las siguientes personas e instituciones, sin cuya colaboración inestimable este libro no hubiera sido posible:

Daniel Álvarez
Banobras
Germaine y Alejandro Burillo
Octavio Chávez
Editorial Clío
Isabel y Telésforo Fernández Rionda
Sra. Cristina Gálvez
Sra. Emilia Gussi de Gálvez
Covadonga Hernández García y Mariángel Álvarez Coghlan, Marqcó Diseño
Elvira Herrera, Museo Serfín de Indumentaria Indígena
Georgina y José León de la Barra
Javier Manterola Piña, Club Izar
Pinacoteca 2000
Sra Lydia Sada de González
Héctor Veláquez